7 古村落

浙江新叶村
采石矶
佴寨建筑
徽州乡土村落
韩城党家村
唐模水街村
佛山东华里
军事村落—张壁
泸沽湖畔"女儿国"—洛水村

8 民居建筑

北京四合院
苏州民居
黟县民居
赣南围屋
大理白族民居
丽江纳西族民居
石库门里弄民居
喀什民居
福建土楼精华—华安二宜楼

9 陵墓建筑

明十三陵
清东陵
关外三陵

10 园林建筑

皇家苑囿
承德避暑山庄
文人园林
岭南园林
造园堆山
网师园
平湖莫氏庄园

11 书院与会馆

书院建筑
岳麓书院
江西三大书院
陈氏书院
西泠印社
会馆建筑

12 其他

楼阁建筑
塔
安徽古塔
应县木塔
中国的亭
闽桥
绍兴石桥
牌坊

中国精致建筑100

筑境

明代沿海抗倭城堡

国定局 媒文协制会 编制

中国建筑工业出版社

出版说明

中国是一个地大物博、历史悠久的文明古国。自历史的脚步迈入新世纪大门以来，她越来越成为世人瞩目的焦点，正不断向世人绽放她历史上曾具有的魅力和光辉异彩。当代中国的经济腾飞、古代中国的文化瑰宝，都已成了世人热衷研究和深入了解的课题。

作为国家级科技出版单位——中国建筑工业出版社60年来始终以弘扬和传承中华民族优秀的建筑文化，推动和传播中国建筑技术进步与发展，向世界介绍和展示中国从古至今的建设成就为己任，并用行动践行着"弘扬中华文化，增强中华文化国际影响力"的使命。从20世纪80年代开始，中国建筑工业出版社就非常重视与海内外同仁进行建筑文化交流与合作，并策划、组织编撰、出版了一系列反映我中华传统建筑风貌的学术画册和学术著作，并在海内外产生了重大影响。

"中国精致建筑100"是中国建筑工业出版社与台湾锦绣出版事业股份有限公司策划，由中国建筑工业出版社组织国内百余位专家学者和摄影专家不惮繁杂，对遍布全国有历史意义的、有代表性的传统建筑进行认真考察和潜心研究，并按建筑思想、建筑元素、宫殿建筑、礼制建筑、宗教建筑、古城镇、古村落、民居建筑、陵墓建筑、园林建筑、书院与会馆等建筑专题与类别，历经数年系统科学地梳理、编撰而成。本套图书按专题分册，就其历史背景、建筑风格、建筑特征、建筑文化，结合精美图照和线图撰写。全套100册、文约200万字、图照6000余幅。

这套图书内容精练、文字通俗、图文并茂、设计考究，是适合海内外读者轻松阅读、便于携带的专业与文化并蓄的普及性读物。目的是让更多的热爱中华文化的人，更全面地欣赏和认识中国传统建筑特有的丰姿、独特的设计手法、精湛的建造技艺，及其绝妙的细部处理，并为世界建筑界记录下可资回味的建筑文化遗产，为海内外读者打开一扇建筑知识和艺术的大门。

这套图书将以中、英文两种文版推出，可供广大中外古建筑之研究者、爱好者、旅游者阅读和珍藏。

目录

009　一、一堡当关

015　二、堪舆建城

023　三、城有重障

031　四、军事机器

041　五、因地设险

047　六、瓮中捉鳖

055　七、关门打狗

061　八、辟关通舟

067　九、村自为战

073　十、烽燧报警

077　十一、嘻嘻与泣泣

085　大事年表

明代沿海抗倭城堡

明代，洪武至万历二百多年中，腥风血雨席卷我国东方沿海，半壁江山几无宁土，兵民惨遭劫难。

日本国中一些失败的武士、浪人与不法海商、破产的流民相勾结，组成海盗集团，频频入掠我国沿海。这伙强盗恣行转掠，戕杀燔烧，无恶不作，沿海兵民屡遭涂炭，祸变惨重。

正统四年（1439年）五月，倭船四十艘，连破台州桃渚、宁波大嵩二千户所，又陷昌国卫。倭贼破桃渚城后，实施屠城，所到之处血肉横飞，尸骸堆积成山，鲜血汇流成河。官仓民舍焚劫一空，再发掘坟墓，搜罗死人身上的饰物。一伙倭寇把婴孩束缚在竹竿之上，用刀宰割，阵阵凄惨的嚎叫，撕人心肺。更凄惨的是把活生生的孩子投入沸水之中，贼寇却视其啼泣，拍手大笑。一孕妇逃命不及，被贼捕获。两伙倭寇以猜测孕妇肚中婴儿男女，赌酒取乐。为判胜负，竟用尖刀剖开孕妇的肚子……惨无人道。桃渚城遭劫后，城野萧条，过者陨涕。

至嘉靖年间，倭寇更为猖狂。史载：嘉靖三十四年（1555年）三月，倭寇"自杭州北新关西

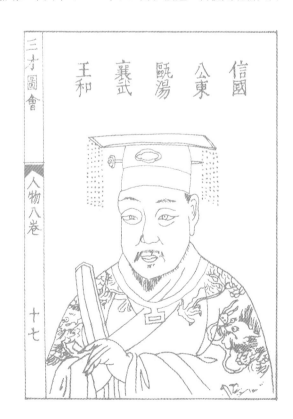

图0-1 汤和像（摹自三才图会）

信国公汤和不顾年迈，巡视浙东西，江南北，精心选择海防要地，选用丁壮3500人，用尽州县钱币，役尽牢中囚徒，顶住俗人毁谤，建起抗倭城堡59座，抵御倭寇的侵掠。

剽淳安，突徽州歙县，至绩溪、旌德。过泾县，趋南陵，遂达芜湖，烧南岸，奔太平府，犯江宁镇，径侵南京。倭红衣黄盖卒众犯大安德门及夹岗，乃趋秣陵关而去。由溧水流劫溧阳、宜兴，闻官兵自太湖出，遂越武进，抵无锡，驻惠山一昼夜，奔百八十里抵浒墅……"（《明史·汤和传》）"焚爇庐舍，掳掠女子财帛，以巨万计，吏民死锋镝填沟壑者，亦以数十万计。"（《四库全书·筹海图篇》）倭寇流劫三省，深入中国腹地，凶残至极，然而这些记载仅仅是他们侵扰活动的数百次之一。

明朝政府为了消除倭患，积极采取措施。洪武十七年，朱元璋诏信国公汤和巡视海上，筑卫所城堡以抗倭。汤和不顾年迈，踏遍沿海山山水水，精心选择战略要地，建起抗倭城堡59座。建设中选用丁壮35000人；用尽州县的钱币，役尽牢中的囚徒，几乎使人不堪忍受。于是毁谤四起，有人说："民不聊生，奈何？"然汤和并不退缩，反诘说："成远算的人，不恤近怨，任大

图0-2 明初沿海卫所城堡分布图（摹自《中国古代建筑史》，中国建筑工业出版社出版）抗倭城堡有卫城54座、所城99座、营城23座、寨城58座，巡检司城353座，烽火台997座，塘铺24座，城7座。2000余座军事设施的崛起，堪称中国古代建筑史上光辉的一页。

事者，不顾细谨，有谁胆敢毁谤，看剑！"（《明史·汤和传》）踰年，城成。另江夏侯周德兴又奉诏新建了一批城堡，从此，沿海抗倭城堡初具规模。

中国海岸线漫长，从广东的北仑河口到东北的鸭绿江口，全长18000多公里。在这万里海岸线上建有卫城城堡54座，所城城堡99座。在这些卫所城堡之间，又建有营城堡23座，寨城堡58座，与卫所城堡唇齿相依。在险要之处还建有巡检司城，共353座。为了及时发现，传报敌情，在城堡之间建有烽火台997座，塘铺24座，这2000余座军事设施崛起在东部沿海，其若断若续，起伏相望，无疑是中国古代建筑史上光辉的一页。

卫所是明代军队编制，卫一般辖5个千户所，千户所辖10个百户所。百户所有军卒112人，则千户所共有1120人，卫共有5600余人，这些军卒或就地筑堡屯守，或就近筑营堡、寨堡，分地

图0-3 桃渚所城依山脊而筑的城墙／上图
抗倭城堡绵延万里，有些城堡的城墙踞山而筑，墙顺山脊线蜿蜒起伏，凭借高山、深谷，显得雄奇险峻。

图0-4 崇武所城墙／下图
崇武所城的城垣高大坚固；敌台、瓮城、敌楼、城濠、水关配备齐全，它们相映生辉，合谱一曲雄壮的战斗进行曲。

屯设，以控扼要害。各级军事组织皆分辖若干烽火台、塘铺以获得情报。五府无兵，卫所兵即其兵，屯操城守、运粮、番易，仿唐府兵遗意。

各级城堡皆十分坚固，其中有些城堡地踞险要，依山就势，城墙沿山脊线蜿蜒起伏，凭高山深谷，颇有一夫当关，万夫莫开之势。

由于残酷的战争需要，古人不惜财力，力求城垣高大，敌台、敌楼、窝铺、瓮城等设施齐全。它们互为唇齿，坚不可摧，用砖石谱写了一曲威武雄壮的历史战歌。

明代后期，倭患渐息，这数千座城堡逐渐废圮。清代顺治年间，郑成功率领沿海农民、渔民以金门、厦门等为据点，向清政府不断攻击。为了封锁沿海，顺治皇帝诏令沿海州县迁界内地，并拆毁沿海工事，致使本来已废圮的城堡更加残破［项元生著有《十禽言》，详细地记述了顺治十八年（1661年）拆毁蒲门所城的经过］。因此本书只能从这些残存的城堡中窥视其昔日的雄姿。

图0-5 蒲门所城一角
顺治十八年（1661年），因郑成功率领沿海农民、渔民不断向清政府攻击。顺治皇帝诏令沿治州县迁界内地，并拆毁沿海工事，致使本来已废圮的城堡更加残破。

一、一堡当关

日本国在大海彼岸，昔日入掠的倭寇全赖大木船，顺风颠簸漂泊而至。但是，万里风涛，变幻莫测，白日阴霾，几如黑夜，行程浩渺，日不可计。而寇贼一般只能备一月行粮，带水400斤，接近中国沿海已困惫不堪了。

疲惫的倭寇首先想到的是占据大陆附近的海岛，在那里获得淡水、粮食，得到喘息。然后驶向大陆，觅海港登泊。继而突破关隘，入掠内地，因而抗倭城堡踞海岛，或依海港，或靠关津要隘而筑，以有效地抵御倭寇的侵掠。

浙江海域的岛屿，星罗棋布。最大的是舟山岛，以岛形如海中之舟而得名，面积468.7平方公里，有港岙83处。盛产水稻，兼营渔盐等业，十分富饶。倭寇涉洋而来，首先想占据舟山为巢，掠取所需。岛位于杭州湾口，是浙东的门户，省城的右翼，地位十分重要。洪武二十年（1387年），信国公汤和经略海防，设中中、中左两千户所，建城堡控扼。同时兴建的尚有江苏省崇明岛上的崇明所城，福建金门岛上的金门所城……踞海岛筑城堡，防贼于海上，确有一堡当关之势。

崇武所城位于泉州湾，依子良港。当南北之咽喉，为舟行之锁钥。距惠安县四十里，为其藩篱。惠安居兴化府、泉州府之间，孤城屹立。贼断惠安，则兴泉的要塞。然倭不占踞崇武，而进犯惠安，必腹背受敌。崇武所城所处之地形势险要，素有"孤城三面鱼龙窟，大岞双峰虎豹关"之谓。洪武二十一年（1388

图1-1 踞海岛而筑的舟山所城示意图

浙江有舟山岛，位于杭州湾口，为省城杭州的右翼，战略地位十分重要。洪武二十年，汤和经略海防，在舟山岛设中、中左两千户所，建城控扼其门户。

年）置所城，屯兵八千，并具战船，于汛期发兵出海御倭。假如有贼船潜入，则水陆兵里外夹击。明《惠安政书》载："贼将至，击其困惫，既至，击其先登，既登也，击其无备。以疲惫仓皇之贼，而当我养盛豫备之兵，一鼓成擒，可不血刃而收全功。"

金乡卫城在浙江最南端，今苍南县金山镇。其地濒临东海、三向环山，南有岑门隘、珠门隘、高洋隘；北有炎亭隘、洪岑隘、将军隘、城门隘，向有"瓯郡边疆、昆阳要隘"之称。倭寇登犯，若在大渔埕、小渔埕无兵船堵截，便可经小渔门岭直接入内地。所以这里向为浙南的战略要地之一。洪武二十年（1387年）二月设卫，筑卫城。

浙江蒲门所城位于浙江与福建的交界处，陆路有古驿道可直达福建，海道渡沿浦海湾即是福建沙埕。是控扼倭寇流窜于福建、浙江之

图1-2 依港口兴建的崇武所城
崇武所城位于泉州湾，依子良港。其他当南北之咽喉，为舟行之锁钥。地势险要，素有"孤城三面鱼龙窟，大岞双峰虎豹关"之谓

图1-3 金乡卫城
金乡卫城在浙江最南端，其地濒临东海、三向环山，南有岑门隘、珠门隘、高洋隘，北有炎亭隘、洪岑隘、将军隘、城门隘，向有"瓯郡边疆、昆阳要隘"之称。

间的海陆要隘。陈陶有诗："廊落溪海涨，蒲门郁苍苍，登楼礼东君，旭日生扶桑，毫厘见蓬瀛，含吐金银光。"（《全唐诗·蒲门戍观海》）可见其地险要。

占据地势险要，便于守御之地，以少量的兵力可抵御大量的敌寇，即兵家所说尽得地利，确为"一夫当关，万夫莫开"。

图1-4 蒲门所城
浙江蒲门所城位于浙江与福建交界处，陆有古驿道直达福建福鼎，海有海道直达沙埕。是控扼倭寇流窜于福建、浙江之间的海陆要隘，现在变成了热闹的市场。

二、堪輿建城

所城的建造一般都遵守中国堪舆术的原则。

明洪武二十年（1387年）江夏侯周德兴率兵到福建沿海部署抗倭。一日，行至永宁（今福建省石狮市永宁乡），登高以望屯军之所，上按星躔，下观陵脉，喟然叹曰："此福地也。"于是屯军西隅，军不疾病，民皆殷富……因而奏请建城。所谓"福地"，显然是中国传统堪舆术的说法。

"堪"即天文，"舆"即地理。昔周公营造洛邑，"既得卜，则经营"（《周书·召诰》）。盘庚迁都亳邑前，对亳邑的地形作一番认真考察。楚王建楚宫观察天文，使之"定之方中"（《诗经·国风》）。中国传统城市的选址总是以堪舆学为依据，或者以城的平面形状的喻义来迎合神圣的堪舆。

据《永宁卫纪事》上说："永宁卫城固泉郡，东南之重镇也，源自关锁宝盖，左转而东出，直至北都。背五虎而面金狮，襟东海而挹西紫。"谓为形胜之地。这是说泉州南面大海之滨有座宝盖山，其山形酷似宝盖，形吉。绝顶有风水宝塔——关锁塔，宏壮突兀，出于云表，"关锁烟霞"为形胜之源。脉源东出，顺蜿蜒起伏的山势，左转至永宁。东为震位，左转至巽位，此言万物之洁齐。虎为灵兽，背后是五虎之山，灵上加灵。东海又是藏龙之地。至于怀抱西紫者，"紫气东来而西迈，乃神仙之异象。"（《华阳录记》）这正是诸吉象之交会，故江夏侯喟然而叹。

图2-1 宝盖山上关锁塔

宝盖山、关锁塔是福建永宁卫城的形胜之源。脉源东出，顺蜿蜒的山势，左转至永宁。背五虎而面金狮，襟东海而挹西紫。诸吉象之交会，江夏侯不得不喟然而叹。

崇武所城城墙四周在南城角，庵顶山、北城门、西城门各压着一座小山丘，使城墙起伏，蜿蜒若花瓣。城中有高突小丘，称莲花石，形似花蒂。整个小城就像莲花座，军营布置在座底。在残酷的战争中，官兵生命朝不保夕，祈求神灵佑护，小小的城堡中竟有各式神庙十多个。东门有玄天上帝，南门有观世音，北门有赵公元帅，西门有关公。整个城堡成莲花座形，也是象征众神踞于莲花座之上，官兵浴血奋战，各路神灵岂能袖手旁观。

蒲门所城在今浙江苍南县蒲城乡。洪武十七年（1384年）信国公汤和主持建造。假若登高，可清楚地看到蒲门所城的平面形式是，自乾位至艮位（据后天八卦）顺龙山山势环回，呈圆弧形，坤位至巽位因坐平陆，呈方角形。这是古人"天圆地方"观念在城堡建设中的表露。

图2-2 崇武所城起伏的城墙
城墙四周在南城角、庵顶山、北城门、西城门各压着一座小山丘，使之城墙起伏，蜿蜒若花瓣。

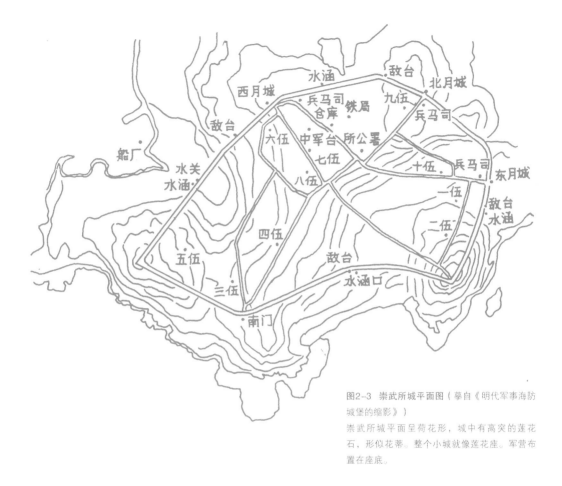

图2-3 崇武所城平面图（摹自《明代军事海防城堡的缩影》）

崇武所城平面呈荷花形，城中有高突的莲花石，形似花蒂。整个小城就像莲花座。军营布置在座底。

图2-4 蒲门所城鸟瞰
假若登高而望蒲门所城，可清楚地看到其城形自乾位至艮位（据后天八卦）顺龙山山势环回，因而呈圈弧形，坤位至巽位因坐平陆，故成方角，故有"天圆地方"之说

浙江省余姚市西北有座临山卫城，《临山卫志》引王梅溪《三赋》："我临山之为会稽东土，东西联姚（余姚）虞（上虞）二邑之疆，径直而垣夷，南北坐龟凤两山之岗，蜿蜒而秀拔。夏盖（山）雄峙乎兑庚，东山绵亘于巽巳，真天造之寰区。"《礼·曲礼》上说："行，前朱鸟而后玄武。"临山卫城东北为大海，是抗倭的要冲，凤山正象征朱雀在前。南为后方，坐龟山，是灵龟圈首于后。另外，若按二十四方位图，兑庚为西偏西南，其地有夏盖山，意谓宅德，安门外。巽巳为东南偏南，东山绵亘，吉象天福。

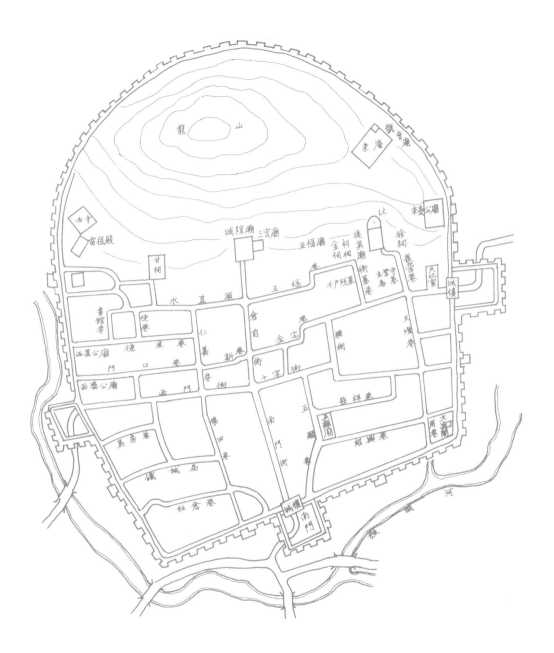

图2-5 蒲门所城平面图

蒲门所城旧时布局有"一亭二阁三牌坊,三门
四巷七庵堂,东西南北十字街,廿四古井八戏
台"的民谣。如今街、巷、井尚保持着旧时的
格局,意味浓重。

堪 舆 建 城

明代沿海抗倭城堡

筑境 中国精致建筑100

图2-6 临山卫城平面图（摹自《佘姚县志》）

临山卫城东北为大海，是抗倭的要冲，故立凤山以象征朱雀在前。南为后方，坐龟山，应灵龟圈首于后。兑庚有夏盖山，意谓宅德，安门外，巽巳为东山，吉象天福。

三、城有重障

《易》曰："重门击柝，以待暴客。"这是中国人传统的建筑防御思想，所以大户人家的宅门都有几重。作为军事设施的抗倭城堡，其门障设计布局就更加缜密，多设重障，以防倭寇乘虚而入，我们从许多实例中可看到其巧妙的布置。

福建崇武所城周匝城墙，周七百三十七丈，基广一丈五尺，连女墙高二丈一尺、厚一丈五尺，全部用花岗石块筑成。石块有长条形（一般长0.7~0.8米，宽0.2~0.3米，厚0.2米）和长方形（一般长0.5~0.6米，宽0.4米，厚0.1米），作横直丁字砌筑，固若金汤。

崇武所城置有城门四座，分列东、南、西北、东北。城门皆用铁板包钉，该铁板并钉重146斤，以生铁二斤炼一片熟铁板，坚固耐用；必擦桐油，方耐海雾。前有附板槽紧急时可下板重闸，坚壁而守。又置有外门，俱包铁

图3-1 崇武所城墙
崇武所城周匝城墙，周七百三十七丈，基广一丈五尺，连女墙高二丈一尺，厚一丈五尺，全部用花岗石块筑成。石块有长条形和长方形，作横直丁字砌筑，固若金汤

图3-2 崇武所城敌台
崇武所城东南西北建敌台四座，其制上下四旁
俱有大小穴孔，可以安铳。台内容数十人，遇
贼群至城下，台内锐炮一时齐发攻击，我军无
虞，被贼立毙。

图3-3 桃渚所城深沟高垒
桃渚所城高二丈五尺，周
三里五十步，用块石整
砌，坚固峻削。东、西、
南三面环护城河，河并不
太宽，然两岸陡险，深不
可测。深沟高垒之势，足
使倭寇望而生畏

图3-4 桃渚敌台／对面页
嘉靖四十年（1561年）倭
寇围攻桃渚城，戚继光率
军英勇抗击，连创大捷。
大战前夕，戚继光巡视桃
渚所城，发现城东、西二
角为薮泽，蔽塞不通，立
命速建敌台两座

擦油。城上窝铺凡二十座，西南一铺，城势高
峻，极为要害，嘉靖二十四年（1545年）用纯
石砌筑。东、南、西、北建敌台四座，其制上
下四旁俱存大小穴孔，可以安铳。台内容数十
人，遇贼群至城下，台内铳炮一时齐发攻击，
我军无虞，彼贼立毙。

桃渚所城在今浙江临海市东60公里的芙蓉
峰下，该地三面枕山，一面临海，形势极为险
要，正统八年（1443年）建千户所城。城墙
高二丈五尺，周三里五十步，用块石整砌，坚
固峻削。东、西、南三面环护城河，河并不太
宽，然两岸陡险，深不可测。深沟高垒之势，
足使倭寇望而生畏。

嘉靖四十年（1561年）倭寇围攻桃渚所
城，企图占为巢穴。戚继光率军英勇抗击，连
创大捷。大战前夕，戚继光巡视桃渚所城，发
现城东、西二角为薮泽，蔽塞不通，立命速建

敌台两座，台上有楼。因而城障进一步加强，确保了灭倭战斗的胜利。念戚公之功，桃渚众人立碑为记。今敌台与碑尚存。

东瓯岩塞蒲门所城，建于明洪武二十年（1387年），周围五里三十步，高一丈五尺，趾阔一丈二尺，有城门三座，上有敌楼。东曰"威远门"、西曰"挹仙门"、南曰"正陷门"。现南门和东门两处较完好。南门敌楼为清乾隆九年（1744年）岁次甲子仲冬月重建。

图3-5 桃渚新建敌台 [朱三元 摄]

桃渚新建敌台两座，台上有楼，台下深广相地宜，以俯全景城外，纤悉莫隐。以确保灭倭战斗的胜利。念主持建造者戚继光之功德，众人以碑为记。今敌台与碑尚存

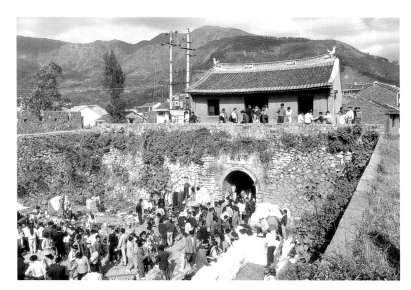

图3-6 蒲门所城城楼（上图）

东瓯岩塞蒲门所城有城门三座，上有敌楼，东曰"威远门"，西曰"艳仙门"，南曰"正昭门"。现存南门敌楼为清乾隆九年（1744年）岁次甲子仲冬月重建。

图3-7 威远城（下图）

明嘉靖三十九年（1560年）浙江总督胡宗宪在定海卫城东北角招宝山上建威远城。城中置铁发熕重五百斤者两架，居高临下，以压敌冲，威名远扬，故城门额曰"威远"。

图3-8 铁发熕

铁发熕是明代常用的重型火器，较大者重五百斤。发射时用铅子一百个，每个重四斤，威力较大，主要用于陆上攻坚夺险。也可用于海战，但海战中的铁发熕较小，并须放在木筏上施放，否则船体将因其反冲力断裂沉没。

三开间，硬山顶，红墙、黑瓦，配以古拙的城墙，十分得体。

卫所城堡又多在城外建立堡寨，作为外围设施，卫护大城。明嘉靖三十九年（1560年）浙江总督胡宗宪在定海卫城东北招宝山上建威远城，周二百丈。城墙厚一丈，高二丈五尺。城中置铁发熕重五百斤者两架，居高临下，以压敌冲，威名远扬，故城门额曰"威远"。城旁原有联云："踞三江而扼吭，看远近层峦秀，碧浪潆洄，永固浙东之锁匙。俯六国以当关，任往来宝藏屯，牙樯林立，会同海吞之共球。"（清梁章钜·《楹联丛话》）其地山如戴鳌，环负城堡，与《河图洛书》中河图环布数相仿，因此志书上称之为"河图状"。

四、军事机器

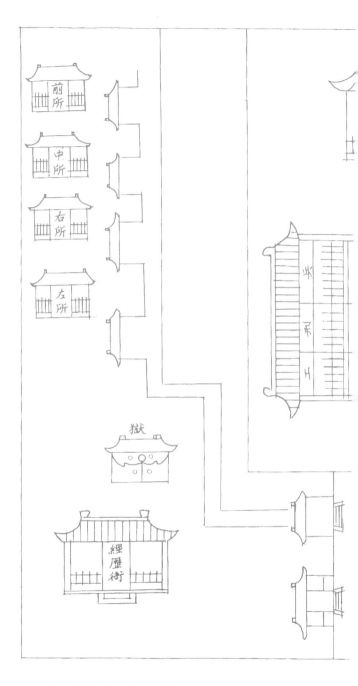

图4-1 海宁卫署图（摹自《海盐县图经》）
海宁卫署设在东门内，周匝垣墙，中轴线上设卫门、仪门、公堂、后堂。公堂两侧设兵刑工、吏户礼六房。经历、镇抚、左、中、右、前所公署围绕卫公堂团团转。

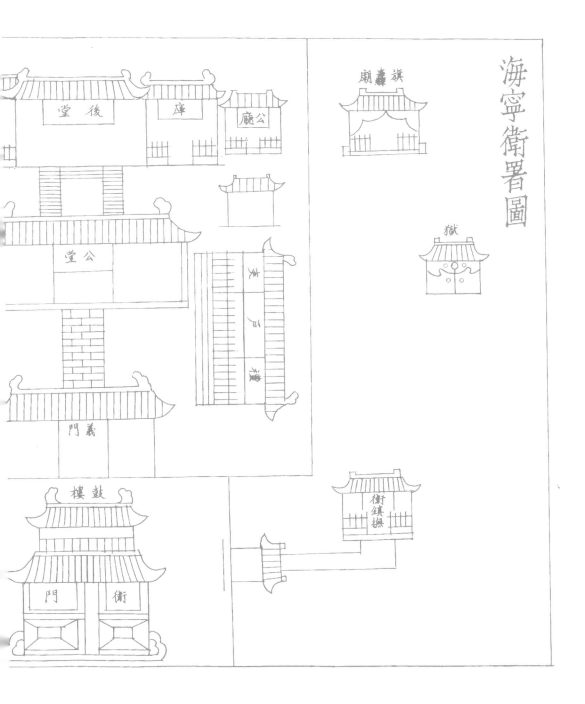

海寧衛署圖

旗纛廟

獄

後堂　　庫　　公廳

公堂

義門

鼓樓

衙門

撫鎮衛

有人把卫所城堡比喻成一架机器，运转于残酷的战争之中。兵民是机器的动力，城守设施是机器各部件，庙宇即是机器的润滑油，卫所公署则是机器的发动机。倭寇入掠的行动好比触发器，使这架机器可以迅速、准确地开动起来。

《海盐县图经》上有一幅《海宁卫署图》，向世人揭示了"发动机"的构成。海宁卫城在今浙江省海盐县，为嘉兴、湖州两府的屏篱，洪武十七年（1384年）设卫。卫城东向临海，为倭寇登临之所，卫署设在东门内，便于临阵指挥。其周匝垣墙，中轴线上设卫门、仪门、公堂、后堂。公堂两侧设兵刑工、吏户礼六房。堂上一呼，堂下百喏，好不威风。经历、镇抚、左、中、右、前所公署围绕卫公堂团团转，卫官出令，八方响应。鼓楼设在卫门，发擂点将，迅速便利。东北有旗纛庙，供祭军牙六纛之神位，每岁霜降致祭。祭文曰："维神正直无私，指挥军士，助扬威武皆仗神功，钦承上命，守御兹土。"

卫有卫署，所有所署。崇武所城内的所署地处城中心偏北，靠近道路交会点，中为正堂，后为燕堂，又后为旗纛庙……虽比不上皇城气派，却也形制齐全，轴线对称，院落方整，三朝五门意向存在，给人以权力的象征。然而，依靠卫所公署发动机器，环节太多，不够迅速。隆庆元年（1567年）戚继光在崇武所城中设中军台，号令全军，更为直接。中军台建在莲花石顶，台上日夜派军瞭望东、南、北

图4-2 崇武中军台遗址

隆庆元年（1567年）戚继光在崇武所城中设中军台，号令全军，更为直接。中军台建在莲花石顶，台上日夜派军瞭望东、南、北三向往来船只，遇警时，官坐中军台，指挥通城兵民战斗。

图4-3 桃渚城内关帝庙
桃渚城内有座关帝庙，至
今保存尚好。三开间，供
祀"义薄云天"的关云
长，陪祀关平、周仓。
希望借助神力，鼓舞士
气。

图4-4 崇武北城楼上的财
神殿（海坛旧）
修建在崇武城的北城楼上
有座财神殿，供祀财神爷
赵公明。俗称赵公元帅，
浓装打扮，手捧蟠剪宝，
黑脸浓须，足踏黑虎助
威，使之解好公平，买卖兴
旺，使之得利。

三向海中往来舟楫，西向陆地烽火台，密切注
意倭寇的行踪。遇警时，掌印官在台中指挥，
通城军民人等，尽照派定埃口，各执器械防
守。昼时火炮三声。竖起大旗一面，暮时火炮
三声，挂起红灯二盏。一夜五个更次，每一更
次炊尽，吹长声喇叭。天明落灯，各军方许下
城。真是一幅生动的机器运行图。

卫所城堡中人员复杂，各种各样的信仰
被带进城堡，因此这架机器的润滑油必然品种
繁多。城堡内常庙宇林立，希望借助神力，取
得抗倭斗争的胜利。尚有与海战有关的神庙，
如晏公庙，供祀平浪侯晏戌子，祈求海上风平
浪静。天后宫，供祀慈爱的女神妈祖婆。俗传
海上遇危险时，若大呼其名，必速化险为夷，
遇难呈祥。浙江桃渚所城内有座关公庙，至今
保存尚好。三开间，供祀"义薄云天"的关云
长，陪祀关平、周仓。

军 事 机 器

㊣ 筑境 中国精致建筑100

图4-5 崇武东岳庙

崇武所城东门有座东岳庙，庙不算大，香火极
盛，祀东岳泰山神，又名岱宗。庙中有重檐庙
亭，上有匾曰："福施黎庶"，两侧有楹联
"东至岱宗，四海升平陈玉帛。岳隆祀典，千
秋俎豆荐馨香"。

浙江临山卫城内另建有晏公祠五十座，中设百户李芳伍神宫，百户徐嬴伍神宫，百户李勋伍神宫……，祭悼死亡的战友。建有戚公生祠，感仰抗倭名将戚继光。福建崇武所城的北城楼上有座财神殿，供祀财神爷赵公明，俗称赵公元帅，戎装打扮，主除瘟剪疟，保病禳灾。

福建崇武所城中寺庙林立。关公庙、天后宫、观音堂等散置城中。东门附近有座东岳庙，庙不算大，香火极盛。所祀为东岳大帝，即泰山神，又名岱宗。庙中有重檐庙亭，上有匾曰："福施黎庶"，两侧有楹联："东至岱宗，四海升平陈玉帛。岳隆祀典，千秋俎豆荐馨香"。

图4-6 蒲门后英庙
蒲门城内有座后英庙，供祀杀身成仁的陈后英。嘉靖四十四年八月，陈后英途遇倭寇，设障阻击，以救乡亲，不幸因寡不敌众，壮烈牺牲。

明代沿海抗倭城堡

军事机器

图4-7 蒲门后英坟
陈后英壮烈牺牲后，乡亲认定后英为"守武真官"，胜过城隍土地，于战时佑护黎民，保境保乡。因家乡故乡镌其"官衔"。小小后英坟演变为蒲门所城有机的组合物，抗倭机器的润滑油。

　　浙江蒲门所城内有座后英庙，供祀着杀身成仁的陈后英。嘉靖四十四年（1565年）八月，一股倭寇突至蒲门，在蒲门山上砍柴的陈后英发现倭寇登犯，心急如焚，一面通知同行的樵夫分头报警，一面选择在倭寇的必经之路设障阻击。不久倭至，陈后英与贼拼杀一阵，终因寡不敌众，壮烈牺牲。倭寇半途受挫，又见蒲城内人声沸腾，知彼已众志成城，不得不改变侵掠方向。蒲城乡亲免遭荼毒，深深缅怀抗倭英雄陈后英，建坟立庙。认定陈后英为"守武真官"，胜过城隍土地，于战时佑护黎民。小小的后英坟、庙成为蒲门所城有机的组合物，抗倭机器的润滑油。

五、因地设险

古人有云："假舆马者，非利足也，而致千里。假舟楫者，非能水也，而绝江河。" 因善于利用，而以小功得大利。卫所城堡凭悬岩建墙，以江河为池，以海为濠，因地设险，其理相同。

莆禧所城，在今福建省莆田市南，洪武二十一年（1388年）建，隶平海卫。现东、北城墙及城门保存尚好。城墙蜿蜒伸展，至东北角竟爬上鲤鱼山山脊。鲤鱼山不算太高，然悬崖陡壁，攀登艰难。崖上筑墙，墙不算太高但显得十分高峻。倭寇从东海而来，必望而生畏。昔日，在山脊建有瞭望台、敌台、敌楼、炮台等城守设施，若遇倭寇侵掠，从上向下发箭、发铳，威力无穷。另外，自古以西北为天门，东南为地户，西南为人门，东北为鬼门。《宅经》上说："东北为鬼门，邪气煞气多从此方来。"莆禧所城在东北立有鲤鱼山，并跨山筑城墙，以阻挡东北向袭来的邪气煞气，与风水学的原理一致。

莆禧所城南向为大海，城以海为濠。墙体虽未加高，但因海平面较低而显得高峻。城下即为万顷海波，有效地控扼倭寇登陆。更有趣的是，所城北背凤山，凤山后有港里山，鲤鱼山后有烟墩岗。港里山、烟墩岗似人向前伸展的两臂；向南成环抱之势。远处有湄洲岛，"妈祖婆"的家，若隐若现在波光烟云之中，十分壮观。此种态势用风水先生的行话，谓"负阴而抱阳"，大吉之象。

图5-1 莆禧城崖上筑墙

莆禧所城城墙蜿蜒伸展，至东北角竟爬上鲤鱼山山脊。鲤鱼山不算太高，然悬崖陡壁，攀登艰难。崖上筑墙，墙不算高，但显得十分高峻。倭寇从东海而来，必望而生畏。

图5-2 蒲壩所城以海为濠
蒲壩所城東南为大海，城以
海为濠。塘體雖未加高，但
因海平面较低而显得高峻。
城下即为万顷海波，远处有
蛟州岛。"两岩咬"的象，
若隐若現在波光烟云之中，
十分壮观

在今浙江省宁波市镇海区，有座定海卫城，建于洪武二十年（1387年）。其地为宁波之外藩，浙东的门户。卫城东有招宝、蛟门之雄峙，西有龙山、凤浦之回绕；南有甬江之渚；北有巨海之浸。城周四百六丈三尺，城外有濠，其北际海不设，以海为濠。北面的海塘，始建于唐乾宁二年（895年）已经受了一千多年的考验。南宋淳熙十六年（1189年）外甃以石，愈益巩固。城墙以此海塘为基，十分坚固，虽受潮汐的吞吐，飓风扫荡，尚未能损其一二。石海塘高达8米，依塘筑墙，省工省料。如今，北城墙保存尚好。城墙上还建有一亭，亭中立有《定海县增筑内城碑》一通，字迹斑斑，诉说着筑城之艰难。

定海卫城东北的威远城，东南以甬江为池。甬江由奉化江南来，慈溪江西来，二江汇流而成，连通余姚、慈溪、奉化、嵊县、宁波、鄞县等市县，成为浙东交通干道，此举战

略上十分有利。另滔滔大江横立城前，渡江登城，亦难上加难。甬江江畔昔日驻有水师，遇警扬帆，御倭于海上。

　　崇武所城莲花石侧有一悬崖，壁立千丈。所城一段城墙砌在悬崖之巅，形势险要。敌寇若想从这里攻城，白日做梦。该段城墙稍后则是中军台，即当年的指挥中心。如此构作的屏障可确保指挥中心的相对安全。悬崖上镌有四个大字"天风海涛"，令人缅怀古代抗倭战斗的波澜壮阔的景象。

图5-4 威远城以甬江为池（上图）

定海卫城东北的威远城，东南以甬江为池。甬江由奉化
江南来，连通数县，战略地位十分重要。滔滔大江横立
城前，渡江登城，难上加难。

图5-5 崇武所城依悬崖而筑的城墙（下图）

崇武所城莲花石侧有一悬崖，壁立千丈。所城一段城墙
砌在悬崖之巅，形势险要。敌寇若想从这里攻城，白日
做梦。悬崖上镌有四个大字"天风海涛"，笔力苍劲。

六、瓮中捉鳖

瓮中捉鳖

图6-1 蒲樵所城瓮城
明代沿海抗倭城堡的大城门外普遍有瓮城，以加强城堡的防守能力。瓮城又名月城，或圆或方，视地形而变，高与大城相平，其门偏开一击，以避敌中

明代沿海抗倭城堡在大城门外普遍建有瓮城，以加强城堡的防守能力。瓮城又名月城，其形或圆或方，视地形而变化，其高与大城相平，其门偏开一边，以躲避敌人的正面冲击。

崇武所城因南向依水港，平日多泊战舰，相对安全，故未建瓮城，其余三门皆筑有瓮城。镇海门瓮城通体用花岗岩条石砌筑，城壁内收，显得十分稳重。城上雉堞牙筑，并有走马道与大城相连。在连接处扩大，其作用是在战前可沿瓮城堆放檑木、檑石；战时亦可沿瓮城集结兵士，围剿入城倭寇。瓮城门虽然洞开，但因偏开而使倭寇不能直接窥视大城的虚实，若倭寇闯至城下，亦不敢贸然闯入。

临海市桃渚所城今尚存瓮城三座，分置东、南、西三门。东门瓮城实测，面阔达18米，进深达16.8米，但扣去城墙厚，内部仅存5.7米×8.3米，颇显狭窄。这样可限制进入瓮

图6-2 奉武所城瓮城
奉武所城镇海门瓮城通体用花岗岩条石顺丁砌
筑，城壁内收，显得十分稳重。城上雉堞牙
筑，有走马道与大城相连，唯此处稍阔，以便
集结兵力，围剿入瓮之敌

瓮中捉鳖

筑境 中国精致建筑100

城倭寇的数量，便于守军击杀。瓮门上用数根长条石横跨作梁，最内的一根条石上凿有门臼，用以置门。门旁还设有石闸槽。昔日当敌寇进入瓮城，守兵退避大城内，坚闭大城门；此时无法复入瓮城去关闭瓮城门，则用闸板从城上顺槽下落。既已"请君入瓮"，只能让其狗急跳墙，城上檑木、檑石、箭矢如雨，倭寇上天无路，入地无门，诚如瓮中之鳖。

浙江蒲门所城，雄踞在浙江最南端，为战略要地。除北向依山而筑无须城门外，其余东、南、西皆设瓮城，至今保存尚好。瓮城外边城垛排布，而内边却无一垛。当敌寇在城外，守军利用城垛打击敌人，保护自己。当敌寇进入瓮城，守军利用堆放在城墙上的檑木、檑石，下推砸杀敌寇。因无城垛相碍，方便迅速。城上建有敌楼，平时可为守军躲风避雨，战时则成指挥中心。指挥将官坐定楼中，发号施令，守军兵丁遵令起闭瓮城门，击杀瓮中之鳖。

福建莆禧所城尚存东、北两瓮城，皆半月形。瓮城门方形，以条石为框，配以木门。大城门券形，券洞后，城门前复置有闸槽，遇警时除坚闭城门外，再在门外下板重闸，入瓮之贼插翅难逃。其东瓮城前立护城碑一通，文曰："吕真人此制压煞呢，恶煞凶神碎为微尘，南斗北斗元亨利贞，当吾者死，逆吾者利，咸光灼灼，护卫佳城，急急如律令，乙亥年春立。"求神灵佑护瓮城，小民之心。瓮城不倒，城内百姓可安然无恙。

图6-3 桃渚所城瓮城

桃渚所城瓮城内部仅存5.7米×8.3米，颇显狭窄。便于限制进入瓮城倭寇的数量，利于守军击杀。瓮门上有闸槽，遇警下板重闸。既已请君入瓮，必让其去见阎王。

图6-4 蒲门所城瓮城/后页

蒲门所城瓮城外边城垛排布，而内边却无一垛，如此便于杀敌。城上建有敌楼，平时可为守军躲风避雨，战时则成指挥中心，将官坐定楼中，指挥兵丁击杀入瓮城的敌寇，迅速直接。

图6-5 莆禧所城瓮城／上图

莆禧所城尚存东、北两瓮城，皆半月形。瓮城门方形，以条石为框，配以木门，大城门券顶形，券洞后、城门前复置有闸槽，遇警时坚闭城门，下板重闸，入瓮之贼插翅难逃。

图6-6 莆禧瓮城前的护城碑／下图

莆禧东瓮城前立有护城碑一通，文曰"吕真人此制压煞昵，恶煞凶神碎为微尘，南斗北斗元亨利贞，当吾者死，逆吾者利，咸光灼灼，护卫佳城，急急如律令，乙亥年春立。"求神护瓮，小民之心。

七、关门打狗

城有重障，门有瓮城，沿海抗倭城堡堪称铜墙铁壁，但是，自古城被攻破者少，袭破者多。敌人偷袭时，或混入奸细，或依靠内奸，乘虚而入，不攻自破，此时，少不得发生一场巷战。为了适应巷战，城堡中的道路布置有序，十分缜密，使守中能攻，便于围追堵截，犹如关门打狗。

浙江观海卫城，在今慈溪县观城镇，其地内辅群邑，外控番夷，历来为兵家必争。洪武十九年（1386年），信国公汤和奉旨经略浙江海防，踞险设观海卫，并左设龙山所，右立浒山（三山）所，以应青龙、白虎之兆。三城共一脉，水火互济，以保众邑平安。观海卫城为正方形，城内有36条街、72条巷，布置成正奇方阵。其中有五马并行的官道，汇集于卫署衙门前，使得各条指令能迅速传递到四方兵马司中。再集结兵力，输送辎重十分方便，以求兵贵神速之能。其中有仅容单人相通的小弄，便于藏匿兵卒，袭击敌人，以达出奇制胜。街巷长者可达里余，短者仅8尺，布置自如。有直弄、弯弄、死街、活巷、明弄暗街、明街暗弄、弄中套弄、二口弄，钳形弄、袋形弄、蹄形弄、套形弄等，不下数十种。昔日有"廿里街巷皆暗堡，路边处处是暗哨"的俗话。明嘉靖三十五年（1556年），抗倭名将戚继光率先锋营屯驻观海卫城，威震四方。

崇武所城环处五座小山，地无三尺平，街巷沿山脊、谷地摆设，起伏坎坷。又，山上多异石，开掘不便，致道路扭曲，狭窄。当倭寇

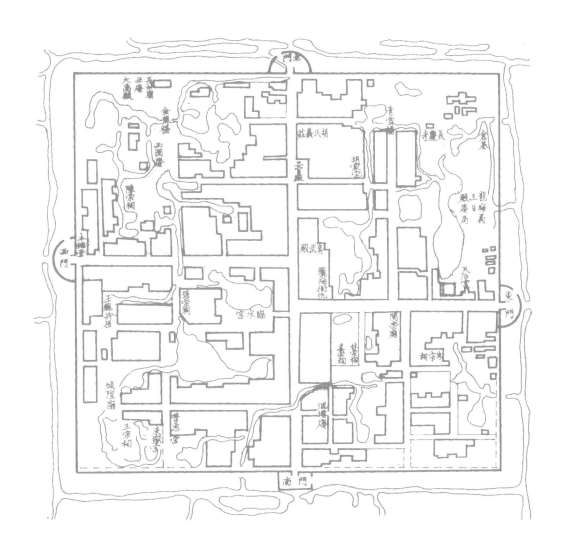

图7-1 观海卫城图（据《光绪慈溪县志》）
观海卫城街巷布置灵活，有直弄、弯弄、死
街、活巷，明弄暗街、明街暗弄，弄中套弄
等数十种，昔日有"廿里街巷皆暗堡，路边
处处是暗哨"的俗话。

乘虚而入，想迅速集结军力，关门打狗，十分不易，因此在道路布置上下了工夫。城中除设置不规则的十字交通要道外，环绕城墙人工构筑双环形双层或三层的跑马道，连通四向城门和军营房，在城门处有连接上下交通的台阶以利于兵马的调动和作战。双层跑马道的设置，既有利于城墙的稳固，又使得道路有所分工；上层专门对外作战，下层输送兵源和粮食，同时又使高低的地势得以缓和。若遇倭寇入侵，先沿城边跑马道集结兵力，堵塞倭寇袭破之所，后退之路，然后层层追杀，各个击破，关门打狗，狗焉能活。

清人李庚在《金乡镇图记》中说：金乡卫城"巷分八卦，布形势于一城"。仔细想一想，确有一定的道理。卫城中心有六条短巷平行排列，以应六爻。"爻也者，效天下之动也"。再，整座卫城的街巷犹如八卦阴阳消息图状，以六爻巷为中心，呈放射性向四周扩散，东有卫前街，西有河边街，南有凤仪街，

图7-2 崇武所城双马道
崇武所城环处五座小山，地无三尺平，街巷沿山脊、谷地摆设，起伏坎坷。因而环绕城墙人工构筑双环形双层或三层的跑马道，连通四向城门和军营房。

图7-3 金乡卫城图（摹自《平阳县志》）

金乡卫城"巷分八卦，布形势于一城"。卫城中心有六条短巷平行排列，以应六爻。以六爻巷为中心，呈放射旋转状向四周扩散，似一只大风车，阴阳消息不断变化。

北有仓桥街，似一只大风车，由北向南不断旋转。八卦街中巷战迂回余地很大，大可化整为零，聚零为整，内外夹击，出其不意，歼灭入掠之敌。城内有两大十字街口，以丰乐亭为中心，往东为城东街，往南为城南街，连同西面的凤仪街往北为卫前街，是城东南万一发生巷战的指挥点。另一个十字街口以大仓桥为中心，往西为城西街，往北为城北街，与东面的仓桥街、南面的河边街结合，为城西北防务指挥点，金乡卫城在建成后的半个世纪中，以其八卦式的街巷布置，数次抵御了入掠的倭寇，取得一次又一次的胜利。

八、辟关通舟

明代沿海抗倭城堡立高墙、建瓮城，挖池濠，城障重重，以求固守；但是若内水不泄，外水不入，画地为牢，亦难获胜。北方利于马，南方利于舟，南方的抗倭城堡多辟水关，以通舟楫。水关当河道入城处，可以启闭，以保证城堡的安全。

金乡卫城尚存南、西两水关，南水关位于南城墙西侧，券形门洞，面阔3.4米，进深2.9米，两侧用规整的块石砌筑，券顶用青砖砌拱。

西水关在西城墙正中，水门洞面阔3.5米，进深1.9米，结构与南水关相似。上有城楼，平面三间，四匝回廊，重檐歇山顶，中供祀魁星神仙，俗称魁星阁。阁中魁星，头部像鬼，一脚后翘起，如"魁"字大弯钩。一手捧斗，如"魁"字中间的斗字。一手执笔，意为用笔点定中试人的姓名。阁中香烟缭绕，多少老妪

图8-1 海宁卫城水关
海宁卫城水关在今海宁市盐官镇后街北，称拱辰水门，俗称北门。建于明永乐十五年（1418年），水门以条石筑基，青砖砌券，十分坚固。如今城上古树苍翠，虬枝盘根，颇有古意。

图8-2 金乡卫城西水关

金乡卫城西水关券形门洞，重檐歇山顶，上有城楼，中供祀魁星神仙。楼回廊东、西有二个阴洞，可直达水关门洞中。门洞中架石过梁，上置石门臼，昔日置有铁门。

图8-3 崇武所城水关
崇武水关在万田庵水涵之北，连通外壕，顺涵达海，海中泊水师，给养依赖船运，水关是内外交通中枢

跪于神前祈福，望子孙成龙。回廊东西有两个阴洞。洞仅宽0.55米，置有0.15米高，0.20米宽的踏跺10级，顺踏跺入洞而下可至水关门洞之中。门洞亦用青砖拱券顶，两壁用规整石砌筑。券拱分前后两部分，前券拱距水面2.8米，后拱券离水面3.8米。后券拱横架石过梁，上置石门臼，昔日置铁门，封镇水门洞，而阴洞则为上下启闭铁门而设的通道。

海宁所城在今浙江省海宁市，洪武二十年（1387年）建，属直隶都司，尚存水关一座，在今海宁市盐官镇后街北，称拱辰水门，俗称北水门。据志乘所载，拱辰水门为明永乐十五年（1418年）重建。城砖上尚有明刻"海宁州城砖"字样。水门以条石筑基，上青砖砌券，十分坚固。如今城上古树苍翠，虬枝盘根，城

图8-4 崇武水关内侧

崇武水关洞门用条石叠砌，顶部内收，上覆长条石，分前后二部分，尺度较小，前部更小。城后侧有两上踏跺，拾级可至城头，以此上下，便于启闭水关，控扼航道。

下河道已填平，自行车、摩托车代替昔日抗倭船舰。老人静坐，青年漫步，水关处在祥和的氛围之中。

主持构作崇武所城的明代将官十分重视内水外泄，通城设水涵四口，又在万田庵水涵之北建水关一座，连通外濠，顺濠达海。海中泊有水师，给养依赖船运，水关即成内外交通的中枢。水关地势低下，海潮常涌及城脚。若再逢暴雨，易致水患。万历元年（1573年）九月初一，淫雨异常，水关崩陷，筹资重建。清道光二十一年（1841年）十一月又重修，如今保存尚好。

崇武所城的水关，洞门用条石叠砌，顶部内收，上覆长条石。分前后二部分，尺度较小，前部更小。城后有两上踏跺，拾级可至城头。以此上下，便于启闭水关，控扼航道。《惠安政书》载："奸贼偷越水关，潜入城堡，故密筑木栅，以恃无恐。"如今河水干涸，水关改作便道。

明代沿海抗倭城堡

辟 关 通 舟

筑境 中国精致建筑100

九、村自为战

明代嘉靖年间，倭寇侵掠日益猖獗，时"连舰数百，蔽海而至，浙东西、江南北，滨海数千里同时告警。"（《明史·外国传》）倭寇纵横肆掠，焚戮惨虐。然而，一些掌印武官像缩头乌龟，躲进卫所城堡，凭借重障而求偏安。广大乡村频频遭劫。"悲号震野，死者未葬，流者未复，蓬蒿塞路，风雨晦明，神号鬼泣，终夜不辍。"（《金山倭变小志》）

嘉靖温州知州朱守宣说："往年贼经温州数次，百姓尝以山谷为险，官兵为恃，今贼有搜山计，则山不足为险矣，官兵望风而走，则官兵不足为恃矣！……连年被害之家，数多不敢慨论……而今日之祸，有排山倾海之势，自不容缄默也，宜详思熟虑，别无可为之策，唯应堡一事可行也。"（《建堡议》）于是乡民纷纷筑村堡自卫。仅《万历福宁州志》上所录该地就有松山堡、牙里堡、横山堡、秦屿堡……计五十四座，可为村自为战。

图9-1　永昌堡
永昌堡在温州市瓯海县永强区白水乡，为明代抗倭村堡之一。明嘉靖三十七年（1558年）春动工，翌年冬筑成，耗金七千余两。从此永昌堡内村民得以自保

图9-2 永昌堡城墙敌台

永昌堡城墙高大坚固，不亚于抗倭卫所城堡。沿墙布设敌台。敌台分实心与空心两种，实心敌台中垒土，外砌石。空心敌台分上下层，上层实施对敌作战，下层贮存战备物资。上下层隔以条石。

温州市瓯海县永强区白水乡的永昌堡即为众多村堡中的一座。《永嘉县志》上说，明代中叶，温州沿海倭患深重，二都英桥里王叔果（官至广东按察司使）、王叔杲（官至福建布政使右参政）倡议，筹金筑堡自卫，于明嘉靖三十七年（1558年）春动工，翌年冬筑成，耗金七千余两，由王叔果向盐院求助二千，其余由地方按田亩科派。石匠民工一律给资供膳。

永昌堡呈长方形，南北长738米，东西阔445米，城墙内外壁均用块石斜垒，中间夯土。"周长八百六十余丈，分十八段，高二丈五尺，厚一丈二尺五，有城垛十二个，城堞九百另八。"（《王氏族谱》）今存女墙高1米，堞高0.7米，高大坚固，不亚于抗倭卫所城堡。沿墙分设敌台，敌台分实心与空心两种。实心敌台中垒土，外甃石。空心敌台亦称虚台，分上下两层，上层实施对倭作战，下层贮存战备物资，两层之间用长条石相隔，方便实用。

图9-3 永昌堡水门
永昌堡三面距河，一面环山，内引两渠，成上下河，贯穿南北。在陆门之侧建有水门，使内河与外濠相连。券洞形青砖叠砌的水门中置有闸槽，遇警可下板重闸以控扼进出船只。

图9-4 永昌堡西门瓮城

永昌堡西门设有瓮城，平面方形，用块石砌
筑。瓮门券顶，向南偏开，近年当地百姓集资
建起了大城门上的敌楼，使瓮城更为壮观。

堡三面距河，一面环山，内引两渠，成上下河，贯穿南北。住舍分列两岸，井然可观。河渠上架"左昌桥"等石桥，沟通两岸交通。陆门、水门各四。陆门上各建一楼，南城楼上供祀关公神像，祈求神灵佑护。水门在陆门之侧，双券门洞，用青砖拱砌，中置闸槽，遇警下板重闸，确保安全。水券洞宽3米、深5.4米，前券顶离水面2.2米，后券顶离水面3.2米。券洞两侧架有石桥。

永昌堡设有西瓮城，平面方形，用块石整筑，瓮门卷顶，向南偏开。近年，当地百姓集资建起了大城门上的敌楼，作为休息娱乐之所，使瓮城更为壮观。

十、烽燧报警

筑境 中国精致建筑100

史载，西周幽王为讨好宠妃褒姒，竟无警报警，升火烽燧，戏弄各路诸侯，结果为西戎所掠，不得不迁都洛阳，这是2700多年前的事。可是，到了明代，虽然普遍设置水马驿、急递铺，通信手段比较先进，但沿海丘陵地带，海湾曲折，涂地泥泞，交通极为不便，致古老的烽燧重新获得众人的青睐。

明代沿海烽燧与西周相差不多，戚继光在《纪效新书·守哨篇》上这样说："……堠军在近海去处，照依渔户搭盖橹架，一般上则用草苫为一厂，各置守瞭器具，每日轮军三名，遇贼寇出没，昼则卓大白旗一面，夜则放炮起火。"大约每隔三里设烽燧一座，遇警时，前台起火，后台响应，一台传至一台，可至很远。各路抗倭人马，按烽燧提供的信息，决定军事行动。

图10-1 南堡岭烽火墩正面在今温州市苍南县云亭乡南堡村后的烟墩山上有一座烽火墩。此地旁边是通往福建沙埕的必经之道，是瞭望敌情的最佳位置，是蒲门所城监视与传递敌情的主要哨所

这类烽燧现在在浙江省苍南县沿海一带，

尚有保存完好的24处，其所在的山地多以烟墩、岗等为名。烟墩的布置有单体，也有群体，外形有方台、圆台二种，结构类似。外壁多用不规整的块石垒砌，内夯以实土。烽火台的选址一般都在便于瞭望的高山之巅。

在今温州市苍南县云亭乡南堡村后的烟墩山上有一座南堡岭烽火墩。此地旁边是通往福建沙埕的必经之道，东北山脚有抗倭城堡蒲门所城。站在烽燧之上，沿浦湾大小船只尽收眼底，是瞭望敌情的最佳位置。此台与仅隔港湾的下关烽火墩群遥相呼应。从烽火墩所处位置分析，它应是蒲门千户所监视与传递敌情的主要哨所。

图10-2 南堡岭烽火墩侧面
南堡岭烽火墩坐西朝东，方台形，分两层，下层为基础，上层盖有藏人与堆放燃料的棚屋。棚屋石柱、石墙、石梁，梁上草顶屋面已不存在，两侧有宽1.2米石板台阶供人上下。

该烽火墩坐西朝东，保存基本完整。台方形，总高4.4米，外壁用不规整的块石包砌，内夯乱石、三合土。在其后壁（西面）有一宽1.2米用石板砌成的十二级台阶供人上下。该墩分上下二层，下层较为简单，作用似为基础，其底边长7.1米，顶边长6.7米，宽6.3米，高2.4米。上层长方形，东西4.3米，南北3.1米可能是为藏人与堆放燃料而建的简单棚架。西、南、北三面用块石砌成底宽0.6米、顶宽0.45米、高1.2米的围墙。在南北围墙上各置三根宽0.2米、厚0.15米、高度不一的石柱，上置宽0.2米、厚0.15米的石梁，构成三组高低不一的简单石梁屋架，屋面今已不存，明代，若遇倭寇入掠，又值海雾阴霾，举旗不见，则立刻点火燃烧屋顶上的草扇，以向邻近烽堠报警。南堡岭烽火墩屋上的草顶有可能是当时已经烧去，尚未修复。

此外，在该烽火墩的东首山坡上，尚有六个损坏较严重的较小的烽火墩，径仅2米。在同一个地区设立七个烽堠，一旦点火，烟火连成一片，信号可传递很远。这"七"数是有象征意义的。古人以日、月、金、木、水、火、土为七星，七星又称七曜，七曜为之盈缩，七星光照天下。立七星，齐七政，上应天象，下相地理，无不大吉大利。

十一、嘻嘻与泣泣

海宁潮，钱塘江口的涌潮，自古以来为天下奇观。海宁市盐官镇东南的一段海塘是观潮的最佳之地。每年农历八月十八潮水最大，此时，海内外游客蜂拥而至；人们驻足海塘之上仰望汹涌大潮从水天相接之处席卷而来，犹如千万匹白色战马齐头并进。在场的观众无不惊叹，嘻笑之声此起彼落。

观潮的海塘是海宁所城的外塘，就在这段海塘上，昔日腥风血雨，令人泣泣。嘉靖年间，承平日久，城堡废弛，重障残破。倭寇连破海宁、澉浦数城，各郡咸遭荼毒。

据《倭变事略》载："嘉靖三十四年（1555年）乙卯春，倭寇数千人，乘岁除之夜，守备松弛，出沙口焚掠，彻夜火光不熄。一伙倭贼从袁花镇掠出，截断硖石口，挥刀滥杀村民，烟尘蔽天，大火连烧三宿不熄。贼掠长安镇，四向击杀，镇民骚动出避，伤者死者塞道，乐土顿成废墟。倭又犯省城、湖州，大肆毁掠，东自江口，至西兴壩，西自楼下至北新关，一望赫然，杀人无算，城边流血数十里，河内积满千船……。"

图11-1 海宁潮
每年农历八月十八潮水最大，观潮之人远望汹涌大潮从水天相接之处席卷而来，犹如千万匹白色战马齐头并进，在场观众无不惊叹。嬉笑，有谁去追忆昔日此地受倭寇焚掠，伤者、死者塞道，乐土成废墟那悲惨的往事

图11-2 海宁观潮大军 □号□□
海宁卫城外海塘是观潮的最佳地段，逢时观潮之人蜂拥而至，人们驻足塘上，嬉笑之声，此起彼落。就在这段海塘上，昔日为倭寇登临之后，腥风血雨，令人泣泣

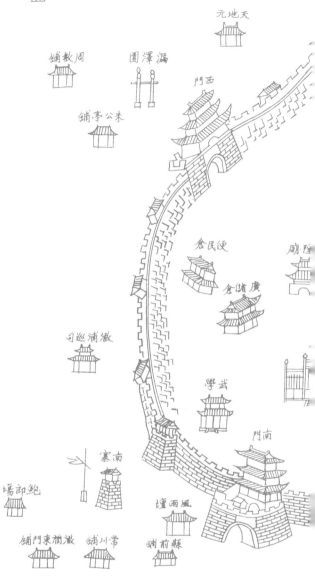

铺泥

元地天

铺敷周　圃澤漏　門西

铺亭公未

倉民便　廟隍

倉储廣

司巡浦澉

學武

門南

寨南

塲郎鲍

壇雨風

铺門東橱澉　铺川常　铺前縣

图11-3 海宁卫城图
嘉靖年间，海宁遭劫后，人们把活的希望寄托
在城堡建设上。倒塌的城墙得以重建，湮灭的
护城河重新挖掘，城卫设施得以加强。

門北
元神鬼
漏澤園
海口巡司
海沙場
把總司
羈所
養濟院
演武場
僧
後公館
前公館
衛
縣
北寨
道會司
總鋪
兵營房
西司
東門
預備倉
祭府
龍王廟
楊公祠

　　在悲泣声中，人们又一次把活的希望寄托在城堡的建设上。倒塌的城墙得以重建，湮灭的护城河重新挖掘。江南北有城六十六座，嘉靖年间增筑的有三十四座。王忬巡浙，在浙江又新筑城堡达三十余座。嘉靖三十二年（1553年），驻海宁卫都指挥张铁缘海宁卫城城濠掘土筑外墉，厚六尺，高一丈三尺，四关外为门，门有栅，设士卒看守。嘉靖三十三年（1554年），"知县郑公茂增筑子城，四立敌台十八座，其制可三面瞰外，施驳石易"（《天启海盐景图经》）。东南海塘为倭寇登临之所，东门外建有演武场、北寨、兵营。南门外设南寨，集结较多的兵力。东南城墙尤冲，置窝铺十一座，敌台六座、箭楼五座，城守设施益趋完善。

　　嘉靖末年，谭纶、戚继光等抗倭名将率众利用抗倭城堡，给来犯的倭寇以歼灭性的打击，连获大捷，杀倭数万，倭寇的侵掠逐渐退潮。据《明史》载："时疆吏惩嘉靖之祸，海防颇饬，贼来辄失利。"万历年间，日本又发动了侵朝战争，那些武士浪人无暇顾及侵掠中华，前后逾二百多年的倭祸逐渐成为历史。死里逃生的沿海兵民重新发出嘻嘻的欢笑，庆幸之余纷纷立碑纪念谭纶、戚继光、俞大猷等抗倭名将。

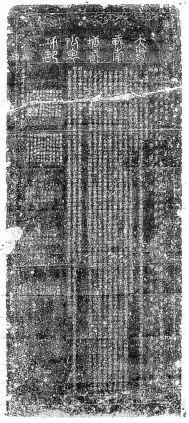

图11-4 谭纶画像碑记/左图

嘉靖末年，谭纶、戚继光等抗倭名将率众利用抗倭城堡歼灭倭寇数万，倭寇的侵掠逐渐退潮。死里逃生的沿海军民重新发出嘻嘻的笑声，庆幸之余纷纷立碑纪念谭纶、戚继光。

图11-5 大参戎南塘戚公表功碑/右图

大参戎南塘戚公表功碑立于明嘉靖四十三年（1564年）九月。碑文歌颂戚继光在海门卫城列鸳鸯阵与太守谭纶合军奋击大败倭寇，接着在新河所城、南湾全歼倭寇的丰功伟绩。

嘻嘻与泣泣

图11-6 崇武所城边嬉笑的人群

崇武所城边人们尽兴戏乐，嬉笑。不远之处屹立着古堡的城墙，它时刻提醒周围的百姓"嘻嘻"之中千万不可以忘记"泣泣"之事，居安思危！

筑境 中国精致建筑100

　　劫难中留下的座座抗倭城堡，似600余岁的老翁，带着饱经风霜的身形，俯视着人世间的变化，它记录着一场又一场悲欢离合，时刻提醒着周围的百姓，"嘻嘻"之中千万不可忘记"泣泣"之时，居安思危！

大事年表

朝代	年号	公元纪年	大事记
明	洪武九年	1376年	修筑蓬莱水城
	洪武十七年	1384年	朱元璋诏信国公汤和修筑海宁卫城抗倭
	洪武十九年	1386年	修筑观海卫城
	洪武二十年	1387年	信国公汤和设中中、中左两千户所，修筑定海卫城、金乡卫城、永宁卫城、舟山中中、中左所城以控扼倭寇
	洪武二十一年	1388年	修筑蒲门所城、莆禧所城、崇武所城
	永乐十五年	1418年	重建海宁卫北水门

朝代	年号	公元纪年	大事记
明	正统四年	1439年	倭寇破台州桃渚、宁波大嵩二千户所，又陷昌国卫
	正统八年	1443年	修筑桃渚所城
	嘉靖三十七年	1558年	春动工修筑永昌堡，翌年冬筑成
	嘉靖三十九年	1560年	浙江总督胡宗宪修筑威远城
	嘉靖四十年	1561年	戚继光率军击败围攻桃渚的倭寇，并修筑桃渚敌台
	嘉靖四十四年	1565年	陈后英杀身成仁
	隆庆元年	1567年	戚继光在崇武所城设中军台
清	顺治十八年	1661年	拆毁蒲门所城

本书蒙东南大学建筑学院朱光亚先生帮助，谨此致谢。